JN440582

봄 레일톡

봄 레일톡

한다혜 시조집

초판 인쇄 2019년 06월 26일
초판 발행 2019년 06월 30일

지은이 한다혜
펴낸이 신현운
펴낸곳 연인M&B
기 획 여인화
디자인 이희정
마케팅 박한동
홍 보 정연순
등 록 2000년 3월 7일 제2-3037호
주 소 05052 서울특별시 광진구 자양로 56(자양동 680-25) 2층
전 화 (02)455-3987 팩스 (02)3437-5975
홈주소 www.yeoninmb.co.kr
이메일 yeonin7@hanmail.net

값 10,000원

ISBN 978-89-6253-461-0 03810

봄 레일톡

생각이 날 듯 말 듯 인연 길 따라가니
꿈속의 고운 얼굴 눈앞에 펼쳐진다
나비 떼 꽃향기 쫓다 봄 레일톡 담는다

한다혜 시조집

연인M&B

| 시인의 말 |

내가 살아온 인생은 결코 작은 시간도 아니고 삶이 녹녹하지도 않았습니다.

지난 흔적을 초상화처럼 단번에 보여 줄 수도 없고, 오랜 시간 흐른 뒤에 가까운 사람들이 기억하기에 가장 좋은 방법은 아날로그식 활자라는 생각이 들었습니다.

출간 때마다 부족하고 미진한 부분도 많을 텐데 우려를 하면서도 내심 공부거리로 삼자고 자신을 다독였습니다.

1집 『나무가 짙어서 아프다』, 2집 『사랑하는 사람은 뒤에 선다』 두 권의 시집을 낸 후에 '한국시조문학진홍회' 백일장에 참가하여 시조시인으로 등단하게 되었고, 감사한 인연이 이어져서 시조시인과 아동문학가로 활동하던 중, 그동안 공부하면서 모은 작품들로 작은 시조집을 내게 되었습니다. 시집의 차례 중 1부에서 4부까지는 일반시조, 5부는 동시조로 엮어 보았습니다.

대학 시절 시 창작 수업을 김춘수 시인에게 배웠는데 그때 선생님 시인이라는 꿈이 생겼고, 시조는 모산 심재완 교수님의 고시조 강의를 들은 후 재미가 있어 자주 문인들의 문학관을 드나들면서

30여 년을 훌쩍 보냈습니다.

오래 골고루 품으면 부화가 되는 병아리처럼, 저도 오랜 시간 마른 나무를 부비고 비벼서 불이 일어난 것 아닌가 하는 생각을 해 봅니다.

무엇이든 한 번 마음먹으면 꾸준하게 끝까지 밀고 가는 성격 탓에 오늘의 이 작은 결실이나마 있지 않았나 하는 생각을 하면 가슴이 뭉클해집니다.

곁에서 늘 고맙게 다독여 주시는 정유지 이사장님과 같이 시조 공부를 하는 동문들께도 감사의 말씀 전합니다.

기해년 초여름에

한다혜

| 차례 |

시인의 말 4

1 벚꽃 명상

겨울 장미 12
꽃비 탄식 13
귀천, 벚꽃 군무 14
달맞이꽃 15
데이지꽃 16
바람 소리 17
목련의 꿈 18
목련꽃 통신 19
벚꽃 명상 20
벚꽃술 마시기 21
복수초 22
봄날 23
분재 24
수안보온천 25
아, 무궁화 26
아카시 향 27
이월 바람 28
주정산 꽃불 29
주정산 기행 30
주정산 옹달샘 31
충주 수안보 32

2

고향

갱년기 사설 34
과수원집 딸 35
과수원 며느리 36
김치 냉장고 1 37
동네 제사 38
뜨개질 부부 39
마고, 마음의 고향 40
미역국 41
밥의 힘 42
벌초 사설 43
복주머니 44
사과 과수원 45
사모곡(思母曲) 46
사부곡 (思父曲) 47
아버지 기일 48
어미 자소서 49
온돌방 사설 50
유언 51
70년대 농가 52
초가막살이 53
피붙이 54

3

안동역

광주 송정역 56

구룡포 과메기역 57

기차역 58

김천역 59

논어역 60

동두천역 61

런던역 62

문산역 63

사북역 64

사북역 아라리오 65

서대전역 66

수선화역 67

안동역 1 68

안동역 통일호 69

옹달샘역 70

운동장역 71

JSA역 72

주덕역 73

춘양역 74

포도나무역 75

해운대역 76

4 괜찮아요, 됐어요

태극기 정신 78
괜찮아요, 됐어요 79
독도 안녕 80
독도역 설계도 81
만큼의 법칙 82
불변의 진리 83
비망록 84
상처 85
속초바다 해돋이 86
스페인 구엘 공원 87
스페인의 꿈 88
시조 학교 90
안개의 도시 포루투갈 91
우리 땅 독도 92
울릉도역 플랫폼 93
인간의 향기 94
인과관계 95
장난감 병정 96
참 행복 97
푸념 사설 98
후회 99

5

동시조 편 닭똥

강가, 배회하다 102
김치 냉장고 2 103
닭똥 104
뜨개질 105
재봉틀 재주 106
민화 속 호랑이 107
봄 레일톡 108
새들도 뜬 별같이 109
수안보 꽃비 견문기 110
수안보 팝콘 축제 111
아가 대화법 112
아아, 아부지 113
안동역 2 114
왕의 온천 수안보 115
우물 116
울 엄마 이름 117
일개미 118
툇마루 119
할머니 잔소리 120
할머니 집에 가면 121
호박 타령 122

평설 · 정유지 123
따뜻한 수사적(修辭的) 언어, 추운 겨울마저 품는다

1

벚꽃 명상

겨울 장미

그토록 고운 자태
파란 깃 날 세운 채
가시로 달려들 줄
왜 진작 몰랐을까

피멍 든
붉은빛 상처
향기마저 감돌다

담장에 목을 매고
해맑게 꽃핀 자리
철없어 처연할 줄
왜 진작 몰랐을까

따갑게
내려온 태양
그에 맞선 미인계

꽃비 탄식

목련이 떨어진 곳
하늘이 내려앉듯
야속한 이별 통보
성정을 못 견뎠나
지난밤 피어난 벚꽃
시샘마저 보냈지

가녀린 가지 끝에
꽃망울 매달고서
밤새껏 흔들리며
혼줄을 움켜진 손
삼백일 물레질 흔적
고스란히 남았지

떨어진 꽃이파리
태연히 바라보다
천지가 흰 눈처럼
꽃비가 완연한데
눈처럼 고운 세상을
이리왔다 가는가

귀천, 벚꽃 군무

절정기 펼치려고

기어이 터뜨린 생

봄날을 맞이하듯

흩날린 고풍 의상

떠나고 머문 그 자리

꽃길 하나 그렸지

달맞이꽃

간절한 그대 생각
바람이 소식 전해
달 보고 해 그리고
해 보며 달 그리다
묵묵히
키워 온 사랑
불 밝히듯 펼치다

밤하늘 구름 보고
수줍게 미소 짓고
교교한 달빛 아래
반듯한 이목구비
처연한
연서로 띄운
그리움을 내놓다

데이지꽃

저물녘 눈이 부신
몽환적 그녀 자태

쪼그만 노란 꽃술
쏟아 낸 달빛 언어

밤마다 속살 감춘 채
다소곳이 잠들다

바람 소리

봄바람 심술궂게 여린 싹 장난처럼
뽀얀 살 들이밀자 하늘빛 부끄럽듯
꽉 다문 어린 입매에 잦아드는 미소꽃

단내 속 여름 바람 화들짝 대인 꽃잎
송이마다 놀란 눈썹 눈길이 멈춰 서고
빙그레 볼우물 처녀 신바람 난 여울물

알싸히 냉한 기운 갈바람 바쁜 댓잎
뼈 굵은 줄기마다 탐스런 향 취한 코
복스런 붉은 열매로 춤을 추는 파도결

차갑고 맵찬 바람 욕심을 벌긴 가슴
버려진 꽃과 열매 천지가 동색이면
고운 님 검은 눈 속에 계곡 소리 감추다

목련의 꿈

춘삼월 바람 좋아 생각 없이 꽃을 피워
지난밤 세찬 비에 여린 몸이 속절 없네
아마도 시앗추위가 닿았구나 내 몸에

수놓은 비단금침 백년을 기약하여
수려한 낭군 닮은 출중한 자식 농사
아서라 하룻밤의 꿈 춘풍이라 이 또한

내 생애 귀한 자리 미투리가 차지하고
구철초 흰 소복은 봄비로 얼룽덜룽
아뿔싸 꽃가마 길이 은비늘로 자복쿠나

목련꽃 통신

꽃구름 하냥 먹고
뽀얀 혀 내민 자리
봄날의 깜짝 변신
벌들이 뒤뚱뒤뚱
기운찬 새벽 하늘녘
접시 하나 띄우다

새날에 너를 안고
두텁게 손잡은 채
눈가에 이슬 달고
촘촘히 엮은 코드
햇살진 봄 하늘 자락
꿈을 키운 봉우리

애당초 건너 버릴
부싯돌 봄바람에
잠깐 본 빛 하늘을
진실로 믿어 버린
아뿔싸 흰 꽃 그림자
누워 버린 가슴아

벚꽃 명상

꽃물 든 하늘 타고
벌 나비 윙윙 잡다
구성진 추임새로
들놀이 나서 본다
저물녘 햇살 앉은 곳
따스하게 맞았지

흰 구름 둥둥 뜨듯
하늘 꽃 지천인데
바람의 바퀴 달고
고지로 올라간다
어스름 꽃잎 내린 곳
꽃비 가득 쌓였지

벚꽃술 마시기

강 건너 맹수 같은
우박비 달려들 듯
앙가슴 때리는 비
꽃입술 시퍼렇다
눈 녹듯 달빛보 터져
눈자위가 벌겋다

산 너머 양떼구름
봄비를 몰고 오다
방금 핀 꽃송이가
추위에 질린 걸까
찬이슬 부르튼 손등
피멍처럼 물들다

복수초

천마산 얼음새꽃
곤충의 태양 난로
눈속을 뚫고 나온
노오란 아기 장군
황금녘 술잔 복수초
성벽 세워 빛나다

새 생명 행복 가득
강인한 눈꽃송이
강렬한 햇볕 불러
꽃잎이 문을 열 듯
신비한 봄의 전령사
털목도리 야생마

봄날

흙탕물 넘실넘실
장대비 쏟아졌나
그저께 핀 벚꽃이
온 마당 뒤덮으니
간밤에
꽃샘바람이
인정 없이 넘치다

흙물이 내려와서
강둑이 축축하고
꽃잎이 내려앉자
냉이순 마중 가니
비바람
개궂은 짓에
벚꽃마저 늙는다

분재

소우주 축소시킨
아담한 숲속같이
새순을 파릇파릇
수없이 띠 두르고
성장통 이겨 낸 자리
피워 올린 꽃단지

물관이 흐른 길목
곳곳이 온천수라
뜨거운 봄 건져 내
줄기에 띄운 생기
진초록 꿈틀거리는
녹음 몰고 오는가

물소리 너울너울
파도가 치는 바다
주인의 손을 타서
물때를 기다리듯
스스로 낮추는 성품
배배 꼬여 오르다

수안보온천

새벽녘 유성우를
생생히 띄운 노천
월악산 타고 놀던
안개가 깃을 털 듯
뜨겁게 가슴을 열어
맞이하는 아달라

석문천 끓는 열정
온천리 데운 자리
온정의 깊은 속내
고결한 가풍 빚듯
온가족 둘러앉아서
화엄경을 읽는다

아, 무궁화

새벽을 좋아하여 정갈한 흰옷 입고
오롯한 아침 단장 깔끔한 번리초여
등불 된 노란 머리에 꽃술 고운 아, 단심

날마다 새로 피는 배달의 통꽃이여
고요로 청단심계 아사살 평화 상징
여섯 종 귀한 이름은 귀에 닿자 아, 영광

봄부터 가을까지 무궁한 백일기도
씨 심어 접을 붙여 살고 진 꺾꽂이꽃
연년이 삼천 꽃송이 눈물겨운 아, 다산

여섯시 기상하여 정오에 활짝 피고
스물넷 돌시 되면 조용히 오므리니
겸손한 너를 기리어 무궁화 날 아, 팔팔

다섯 장 꽃이파리 머리 위 어사화라
나라꽃 울타리꽃 씨앗은 태극 모양
새순이 무궁무궁한 지지 않는 아, 등불

아카시 향

원당리 오고갈 때
꽃바람 짙은 향기
황톳길 시오리에
날아든 일벌 장정
부단히 움직인 숨결
오월의 향 훔쳤네

그 숨결 잦아들어
꽃술에 취한 벗은
고혹의 향기 속에
온종일 진을 치고
봄바람 머문 나들이
떠날 줄을 모르네

이월 바람

바람이 시샘하는

이월의 검은 들판

하루해 짧다 하고

신새벽 뛰는 일꾼

지난밤 그 많던 시름

봄바람이 쓸었나

주정산 꽃불

사월을 풀어놓듯

초록을 덧칠하다

대동맥 봉수대에

연자색 물든 꽃불

벚꽃을 날리는 바람

꽃비마저 뿌리다

주정산 기행

정상을 가늠하며

짐추린 길용목재

돌계단 가쁜 호흡

흐르는 등골 샘물

봉수대 휘휘 돌아서

정자 쉼터 머물다

주정산 옹달샘

잔잔한 삼월 하늘
시심이 피어나면
새들이 먼저 아는
신비한 옛이야기

밤새워
전한 내력들
아침 햇살 맴돌다

노을 낀 산길 너머
터줏댁 장끼 날다
목축인 부리 끝에
감도는 봄의 소식

푸드득
날아간 샘터
초록마저 빠지다

충주 수안보

석문천 달천 지류 소조령 훌쩍 넘어
지름재 발원 후에 쏟아진 옥정폭포
온천리 따슨 사랑에 맑게 피는 충주여

새벽의 새소리가 폐부에 들어차면
월악산 종계 팔경 신도비 사무치고
망월성 한벽 현판을 사모하던 연리지

수안보 자연 용출 천연수 유서 깊어
수질이 부드러워 사람을 감싸는데
환자터 약용 알카리 만백성 사랑터라

2

고향

갱년기 사설

전환기 되고 나니
뭣이든 참아야 돼
음식은 소화불량
운동은 나이 걱정
가장이 되어 보니까
가릴 것이 참 많지

나이가 들고 보니
안 될 게 너무 많아
슬픔도 눈물 없이
걱정도 숨겨 가며
자식이 보는 앞이라
어른 체면 세웠지

어릴 적 이른 생각
부러운 어른 모습
맛난 것 실컷 먹고
여행도 마음대로
하고픈 모든 것들도
되고 보니 생각뿐

과수원집 딸

사과꽃 닮았는가
보오얀 배꽃 아씨

갈바람 들어차서
마루청 스쳐 오면

앞 여민 매운 손놀림
가을 열매 빛난다

과수원 며느리

사과꽃 물들었나
얼굴이 울긋불긋

마중 온 갈바람이
담 넘어 스쳐가면

속살 흰
우리 엄마는
코버선에 땀난다

김치 냉장고 1

하횟골 뒤뜰 안에
속 깊은 큰 독처럼
신세대 거실 안쪽
차지한 안방마님
속정을 품어 주듯이
아삭아삭 익힌다

종갓집 맏며느리
김장한 절임배추
다진 살 부들부들
노란 속 살아나고
주안상 내어준 저녁
군침 도는 백김치

동네 제사

"진수네 시어른댁
제삿날 닥치는데
모친이 편찮아서
일할 이 없다네요."
임자가 건너가 보소
집안일 내 하리다

연년이 오는 제사
끝순이 오겠지만
재 넘어 절뚝절뚝
모여든 형제자매
옛말에 선산 지킴이
모난 자식 말 있제

뜨개질 부부

야무진 눈썰미로
꾸러미 실을 뽑아
호롱불 한 단 두 단
아내의 매운 손끝
묵묵히 젊은 남편
실오리를 당긴다

숨죽은 베개 맡에
낯익은 오랜 얼굴
올올이 엮은 금슬
바늘땀 키운 부부
한평생 정 키운 손길
눈 감아도 훤하다

마고, 마음의 고향
—추사를 기리며

충청도 향한 마음
하, 굳이 묻지 마라
아산시 송악 마을
도화리 시골밥상
그 옛적 찾아간 발길
솔잎 곡차 동났지

옥수수 동동주에
영산홍 되는 자리
밭마늘 육쪽 내어
강된장 쓱쓱 비벼
귀양길 젖은 사연들
외암댁이 내놓다

고관직 높은 직위
한순간 걸어 놓고
취필의 아홉 연적
노구를 수습하다
피 묻은 묵향에 취해
과천 숨결 고르다

미역국

열 오른 뚝배기 속
파란 꿈 숨어 있다

검푸른 바닷바람
데려온 초록머리

외동딸
귀빠진 오늘
고명 듬뿍 올린다

밥의 힘

귀중한 손님맞이
밑반찬 준비하기

휴가 온 울 외아들
속부터 채워야제

반가운
얼굴 보니까
없던 식욕 당긴다

벌초 사설

묏등에 가만가만
높은 풀 걷어 내다
발치께 돌아앉아
제비꽃 캐어 내고
어무이, 낫질할 테니
놀라지나 마시오

상석도 제단비도
못 올린 자식의 맘
배곯는 자식 보는
어미 맘 읽힌 자리
이만큼 늙지 않고는
알 도리가 없지요

손자가 방긋방긋
옹알이 하는 통에
귀여워 야금야금
알사탕 털어 주는
비석 앞 포근한 손길
내리사랑 뿐일세

복주머니

집집이 가문 들자
옥답에 물 푸는데

우리는 어디에서
물꼬를 찾아낼꼬

새해를
가득 엮어서
처마 아래 내건다

사과 과수원

때맞춘 병해충제
연연히 몸살 앓다

그 사이 달린 열매
사다리 실하구나

꽃분이 벗겨질세라
애기처럼 위한다

아버지 전정가위
손마디 물러지고

어머니 사과 선별
허리가 끊어질 듯

오 남매 땀 사랑 속에
동글동글 익었다

사모곡(思母曲)

꽃같은 스물여덟 오 남매 낳은 당신
겉옷은 바람막이 문설주 걸려 있고
어쩌다 불든 바닥에 허리 굽던 어무이

땅 없던 농사꾼이 품삯일 명줄 잇듯
별보고 눈을 뜨고 깊은 밤 빨래하고
온종일 허리 못 펴는 안스러운 어무이

철들자 손에 놀던 논밭일 가리잖고
당신의 일과 중에 병이 든 자식 걱정
빈 그릇 긁는 소리가 아, 차라리 꿈이길

밥식구 줄인다고 딸애가 끝순이라
칠성줄 새벽기도 대 이을 아들 얻어
근근이 애간장 녹여 붙든 자식 애달파

하늘도 기뻐하고 조상도 감동하듯
장성한 자식 손에 덕볼 복 야박하여
오십에 눈을 못 뜨니 애통한 이, 어무이

사부곡(思父曲)

뻐대도 여물잖은 종손네 사내라고
신새벽 내몰아서 지겟짐 얹어져도
내 배가 곯는 소리에 민망타던 아배 맘

제대 후 들어서자 성혼을 독촉한 건
전사한 형님 대신 대 잇는 명분이라
연달아 세 딸을 낳자 눈 흘기는 조부모

의좋은 재롱 탓에 주름진 반 백살이
끼니를 걱정하며 벌초일 도맡더니
옥양목 두루막 입고 산새가 된 울 아배

아버지 기일

앞뒤로 자식 세워
틈수골 오르는 길
손전등 앞을 비춰
산길을 오른 가족
조막발 따르던 딸애
허겁지겁 잰걸음

무섭다 우는 아이
손전등 비춘 틈새
앞에 선 작은아들
솔 잔등 엎어지고
꼬리별 떨어진 산속
획을 긋는 유성우

야삼경 법당 불에
뭇짐승 귀 세우고
청정한 스님 법문
산속을 깨친 건가
눈썹 긴 아이의 합장
화신 부처 예 있네

어미 자소서

매달려 우는 애기
이웃집 맡겨 두고
쫓기는 총총걸음
반생을 둘러와서
나란히 누운 잠자리
눈에 밟힌 지난날

외면한 낯선 시간
고생한 젊은 얼굴
살고자 바둥거린
상처가 아린 유년
똑바로 서긴 했지만
어깻죽지 처졌지

인생길 멀다 해도
종착역 철든 나이
배고픈 그 시절에
사연도 굽이돌고
인생길 자식 아픔에
돌 같았던 내 마음

온돌방 사설

바닥이 냉골이니
장작불 약한 걸까

아랫목 아직 차니
애꿎은 이불 탓만

화롯불 지핀 남은 생
태운 후라 가볍다

유언

"내 가면 제삿밥은
그 누가 차리겠노."

까마귀 보은하고
굼벵이 재주 있제

한평생 기막힌 짐은
남은 우리 몫이제

"이제 내 떠나거든
의좋게 지내거라."

이 세상 남은 혈육
둘밖에 없게 돼도

곳간에 인심 안 나게
잘 살 테니 되갑제

70년대 농가

"두 번 손 안 가도록
보릿단 잘 묶어라."
보리타작 까시레기
민망한 장정 인상
땀범벅 열무 보리밥
꿀맛 같은 빈 그릇

아낙네 낱알 줍다
해거름 종종걸음
풀 먹인 할배 베옷
장맛비 젖을세라
배곯던 어린 남매는
빈 솥 앞에 줄 선다

초가막살이

반 열린 싸리문 앞
강아지 낑낑대자
맥풀려 누운 어미
화들짝 몸 일으켜
바지게 잠든 외손주
안아들인 초저녁

두레박 우물 소리
불 지핀 보릿고개
솥뚜껑 눈물방울
피지직 말라붙듯
쩝쩝쩝 삼키는 가난
애간장이 녹는다

피붙이

"어무이, 갈바람에
마당이 난리 났소

비맞은 비료포대
안으로 들여야죠."

옳거니,
네 말 맞구나
비 단도리해 주렴

3

안동역

광주 송정역

광산구 상문구는 옛말로 송정리라
호남선 코레일로 광주의 제일 관문
일백 년 사용한 역명 개명조차 어렵지

관람차 비엔날레 일천 원 웃음 짓고
단풍철 일만 원에 춤추는 남도 여행
오천 원 눈물사진전 송정역이 지린다

기미년 울린 만세 빛고을 진동하고
학생들 만세 삼창 도화선 항일운동
꽃불로 훨훨 타올라 기차역을 달구다

구룡포 과메기역

겨울 상 점령하는 거물급 꽁치군단
눈부터 내장까지 훤칠한 이목구비
효시역 청어라지만 세상 중심 달구다

맑은 물 푸른 하늘 햇볕을 듬뿍 받고
기름기 반질반질 찰지고 연한 몸살
해풍에 얼리고 말린 미식가들 찾는 역

싱싱한 바다 해삼 물미역 돌김 말아
알싸한 마늘 한쪽 강된장 쌈 넘기면
감탄사 레일을 깔고 기적 소리 남긴다

* 최고의 별미, 구룡포 과메기를 소재로 한 가상의 역임.

기차역

밤 열차 씩씩한 덩그런 기차역에
깊은 하늘 반짝이는 저 별은 샛별이라
아마도 새벽 나그네 길동무 될 듯하이

나란히 짝을 이뤄 밤을 달린 천리길
인생길 출발선도 종착지도 기차역뿐
이만큼 무던한 정은 말동무로 제격이라

이 마을 저 산속을 내달려 철든 생각
어둡고 험난한 길 내 것이라 껴안으면
맴도는 인생 백년사 기차역 닮았으이

김천역

은어 떼 팔딱거린
정겨운 감천강에
계림사 전설같이
호터를 다스리고
꿈속의 이수원 고향
뱃노래에 잠든다

손에 든 방아깨비
내달린 김천역에
소금배 따라오던
걸쭉한 천리 소식
지금은 김천구미역
풍문마저 낯설다

논어역

기원 전 오백 년경 후인을 사랑했지
제자와 제후들의 문답을 기록한 경
오백 개 말과 행동이 레일 위를 달렸어

과거를 말하면서 미래를 깨치는 자
하루를 셋 나누어 반성한 수행제자
군자의 절차탁마는 멈춰섬이 없었지

공자는 학문의 뜻 십오 세 세우더니
오십에 천명 깨쳐 흔들림 전혀 없어
칠십에 어긋난 세상 순리대로 잡았지

절제미 익힌 역사 천하를 다스리듯
예로써 규범 세워 나라의 틀 만들고
도리를 담은 사연들 고전 위에 꽃핀다

* 법치주의의 주된 사상을 담은 공자의 논어를 소재로 한 가상의 역임.

동두천역

경원선 통근 열차
새벽을 깨운 알람
화물이 태반이던
개명의 시대 따라
새단장 동두중앙역
최북단의 수색대

미군의 반환터에
대학이 들어가고
소요산 연장으로
자리한 신흥교회
아직도 캠프페이지
남아 있는 선로들

역사의 수레바퀴
한시절 돌고 돌아
혈전 낀 오장육부
제대로 소통하듯
마침내 하나된 조국
꿈틀꿈틀 용쓴다

런던역

뱀처럼 동쪽으로
흐르는 템스강에
벙어리 울지 않듯
백조가 헤엄치면
원주민 사라진 땅에
론디니움 세우다

수송로 목조다리
석조로 바꾼 자리
호레스 존스경이
설계한 타워다리
대홍수 엘리자베스
여왕 막고 멈추다

광장 앞 트라팔가
지켜 낸 예술 만찬
세인트폴 대성당
색슨인 기도 속에
십삼톤 국회의사당
영광스런 시계탑

* 영국 런던시를 배경으로 하여 쓴 역임.

문산역

파주목 중심 역사 범람이 잦은 뻘밭
문산역 팔각지붕 대홍수 무너지자
임진강 군경 총력전 안개만큼 빠르다

문산과 개성 구간 레일 끝 도라산역
피땀을 쌓은 손길 신축역 높이 서니
평창의 경의선 전철 올림픽 덕 아닐까

피붙이 면회 갈 때 바릿짐 흔들흔들
코앞에 임진강이 눈앞에 판문점이
돌아선 노란 개나리 바람꽃을 부른다

사북역

신생대 가른 새벽
활활활 달군 레일
눈동자 반짝이듯
저 별은 샛별이라
소탈한 나그네 불러
길동무가 되리라

나란히 짝을 이뤄
천리길 달린 밤낮
인생길 출발선이
종착지 되는 운명
갈수록 무던한 정은
탄차처럼 달린다

산속을 내리달린
축전차 철든 철로
어둡고 험난한 길
달빛도 껴안으며
맴도는 노란 세상사
개나리꽃 닮는다

사북역 아라리오

정선군 사북역은 하늘도 아라리오
길고 먼 갱도 따라 손전등 허리매고
전사의 첫 번째 맹세 무재해 달성이오

대한의 대표 광산 광산촌 동원탄좌
천구백 육십년에 시월 말 이천사년
소박한 사북광업소 아라리오 일대기

하면 돼 삶의 터전 새마을 정신으로
노다지 꿈을 꾸던 물젖은 검은 장화
나는야 애환의 광부 아라리오 사북역

서대전역

충청권 광역철도
오류동 기적 소리
콩타작 넓은 한밭
버들숲 이룬 자리
스무 살 논산훈련소
결의 굳은 환승역

곰방대 떨어뜨린
할머니 쇠잔한 몸
상행선 하행선을
도맡아 자처하다
계란찜 보글거리는
두레밥상 그린다

수선화역

지평 끝 지중해에
터잡은 사랑의 신
땅속의 양파처럼
대 잇는 사랑 줄기
미소년 나르키소스
반짝이는 맞이방

고결한 긴 목으로
신비한 향기 풀듯
꽃피는 초록 궁전
승강장 차린 햇살
눈부신 레일을 깔고
비둘기를 날리다

* 고결한 수선화를 소재로 한 가상의 역임.

안동역 1

내 고향 본적지는
경상도 낙동강변
규모를 따진다면
B급의 보통역사
소임은 중앙영동선
연결하는 해결사

화륜거 우렛소리
글뿐인 독립신문
절절이 담은 사연
움직인 산천초목
대들보 출생연도는
일천구백 삼십년

무연탄 석유 대신
활활활 태운 동력
길고 먼 철로 따라
눈물을 훔친 이별
불후의 안동역에서
한 곡 뽑는 애창곡

안동역 통일호

무연탄 매운 재로

흰옷의 잦은 원성

길고 먼 철길 따라

눈물이 방울방울

무던히

기다린 희망

새마을호 통일호

옹달샘역

깊은 숲 작은 호수
햇살이 내려앉고
물초롱 산책 나와
부리를 씻다 말고
밤새워 들은 이야기
레일처럼 굴리다

흰구름 머문 세상
까투리 날아들면
하늘가 돌다 멈춘
소나무 긴 그림자
푸드덕 달아난 자리
깃털 하나 남기다

* 깊은 산속 옹달샘을 소재로 한 가상의 역임.

운동장역

청군기 푸른 깃발
새처럼 날린 함성
백군기 하얀 깃발
꽃처럼 피운 박수
청백기 불꽃을 뿜는
진검승부 진원지

젖 먹던 힘을 다해
몸 실은 줄다리기
달리고 또 달리며
배턴을 잇는 계주
인생이 축약된 지도
선의 경쟁 진풍경

아이들 모인 자리
부모도 얼쑤얼쑤
김밥이 동이 나고
살판 난 시골 잔치
한가위 레일을 깔고
정겨움을 굴리다

JSA역

수색 중 밟은 지뢰
이 병장 히스토리
북한군 도움받고
이념의 벽 허물다
평화의 군사분계선
기적 소리 남기다

타원형 한복판에
널문리 동네 주막
철조망 눕힌 레일
휴전선 상징의 역
비무장 공동경비구역
관광객이 넘친다

* 공동경비구역을 소재로 한 가상의 역임.

주덕역

아흔 살 대소원역 별명은 멧돼지역
솟을대문 눈 큰 대감 호젓한 호통 소리
꽤에엑 멱따는 소리 경기하는 남동생

철들자 이름 바꿔 충북선 중심 철도
기적 소리 놀라던 내 동생은 역장 노릇
삼등급 보통역에서 단풍 실어 보낸다

산과 들 늘어놓은 유년기 내 콧속도
새까만 기차 굴속 닮았던 그 숨소리
청솔빛 멧돼지 소리 그리워라 고향역

춘양역

태백을 향한 길목
이름 참 고운 역사
오뉴월 흰 눈발로
구둣발 시려 오고
풀어논 옥수 계곡물
속정 깊은 산골역

푹푹푹 찐 옥시기
솔솔솔 파는 광장
출출한 맘 붙드는
별미 중 최고 별미
춘양목 멋진 대들보
춘양 인심 흐른다

과수원 담장길에
구기자 얹힌 자리
정 먹은 빨간 열매
사랑을 꿈꾸었지
봉화의 억지춘향도
환갑마저 넘겼다

포도나무역

물기가 마른 창틀
햇살이 주둔한다
생각이 깊어지는
내 몸은 천근덩이
단꿈을 잃었다 찾듯
초록 구슬 눈먼 섬

뿌리가 엉켜붙어
송이채 매달릴쯤
철부지 아장아장
서리를 맡은 새벽
달콤한 바람의 기적
빗장 풀린 앙가슴

심호흡 쪼글쪼글
왼 어깨 드러내고
넉넉한 햇살 아래
우산을 받쳐들고
강 건너 하늘 끝자락
파란 꿈을 굴리다

* 포도나무를 소재로 한 가상의 역임.

해운대역

못 찾은 6번 출구
돌아본 도시 철도
광장을 관통하는
만남의 흥분처럼
매주말 성수기 때는
이용객이 수천 명

부산의 현지 시민
찾지를 않는 역사
갖가지 생김새로
희석된 국제도시
피서철 해수욕장은
발 디딜 곳 없구나

대합실 안내 방송
파돗결 따라오고
갈매기 동행하는
동백길 내려오면
이호선 동해남부선
꽃물 들 듯 북새통

4

괜찮아요, 됐어요

태극기 정신

겨레얼 태극기의 첫 마중 조미통상
선상 위 그린 국기 고종의 특명이듯
태극과 4괘 도안이 온 세상에 비치다

건곤은 하늘과 땅 감리는 물과 불을
흰 바탕 밝음이요 깃봉은 무궁화라
청홍의 둥근 형상은 조화로운 대자연

열사의 타는 가슴 덮어 준 태극기는
눈물 속 핏빛 세운 정기의 화신되어
영원한 자유의 나라 백의의 꽃 빛나다

괜찮아요, 됐어요

아니야 말해도 돼
괜찮아 괜찮대두
대답은 괜찮아도
정말로 괜찮을까
조금은 미련이 남은
떨떠름한 답이지

아니요 됐다니까
정말로 됐다니까
응대는 됐다지만
진실로 된 것일까
약간은 양이 덜 차는
섭섭함이 남았지

아니요 미안해요
진짜로 미안한가
말투는 미안해도
정말로 미안한가
사실은 어쩔 수 없어
건성으로 말하지

독도 안녕

동남쪽 동도 서도 우뚝한 독도 기상

가없는 푸른 파도 동해의 친구 되어

아득한 세월을 건넌 반가운 이 독도야

화산섬 바위틈 속 연안가 비껴 앉던

강치들 즐겨 찾던 꽁치는 넘치는데

주인은 말문을 닫고 그림책에 숨었네

연보라 미소 고운 해국이 인사하고

뱃길로 이백 리에 아흔 암초 화답하니

상기된 뱃고동 소리 갈매기 떼 부른다

독도역 설계도

사람을 사랑하던
강치 떼 키운 자리
투구봉 전설 따라
진초록 불러와서
해맞이 뱃노래 가락
레일 아득 굴리다

잠이 든 세종실록
지리지 펼치고서
안정복 포효하듯
읽어 간 왜왕 답서
해돋는 동도선착장
갈매기 떼 띄우다

갈라진 물길 속에
흰 적삼 땀에 젖고
짙푸른 가슴 품어
동해를 끌어안고
서늘한 겨레의 심장
기적 소리 울리다

만큼의 법칙

세상의 모든 기쁨
다 준들 어떠하리

내 사랑 한정 수량
다 준들 어떠하리

날마다
내어준 만큼
그만큼에 족하리

불변의 진리

순수함 가득한 빛
아이는 맑은 얼굴
다정함 배어난 빛
어른은 고운 얼굴
저마다
다른 정체성
세상 이치 예 있지

허리를 숙인 자세
아이는 공손한 말
웃음꽃 피운 미소
어르신 새해 덕담
말 속에
하늘 땅 이치
공존하는 인간사

비망록

일하기 수월할까
유학을 다녀왔지
편안한 직장 구해
생계를 삼으려니
세상은 속도의 시대
깊이보다 앞선다

타국의 번역기가
소통을 대신하고
만릿길 비행기로
몇 시간 도착하듯
무엇을 무기 삼으랴
4차 혁명 목소리

인생길 사람 노릇
순리로 살자 해도
변하지 않는 것은
유일한 양심일 뿐
섭리를 깨치는 일이
인간세상 공붓길

상처

괜찮아 그러더니
모른 척 외면해도

외발길 뒷모습에
밟히는 젖은 눈매

아뿔싸 믿은 가슴에
꽂아 버린 도끼날

속초바다 해돋이

첫새벽 여는 길목
안개꽃 날리면서
처연히 오른 형상
둥글게 띄운 걸까
아슴한 검은 사막 속
헤쳐 나온 단발마

깃털을 터는 자리
수평선 아득 너머
달려온 창파 따라
흰 물살 길을 내듯
빛나는 주홍빛으로
오선지를 그린다

스페인 구엘 공원

곡선이 펼친 숨결
생기 돈 구엘 공원
천재의 숨은 손길
밤마다 번쩍번쩍
미래는
창의적 세상
그 하나로 통하지

유럽의 간판 도시
스페인 초록 들판
짙푸른 넓은 바다
따뜻한 눈빛 가진
지중해
바르셀로나인
가우디를 부른다

스페인의 꿈

스페인 천년고도
톨레도 유적도시
황홀한 신의 문화
돋보인 고딕양식
대성당 황금의 성서
천국의 땅 열리다

수천 년 지킨 자리
대거장 엘그레코
진리의 높은 말씀
그림 속 담은 건가
때늦은 순례자 걸음
감탄사가 터지다

세비야 마차광장
문화를 나눈 몸통
펠리페 기마상은
사철이 분주하다
빛나는 전통 사랑법
마요르에 멈추다

라만차 대평원에
들어선 풍차의 땅
괴짜의 대명사인
엉뚱한 돈키호테
각인된 콘수에그라
로시난테 부른다

시조 학교

입에서 나온 말이
어떻게 시조가 돼

누에가 뽑은 실이
최고의 비단 되듯

고운 말 새 실로 꿰면
데구르르 옥구슬

글자가 씌어져서
어떻게 시조가 돼

모판의 어린 모가
수라상 진미 되듯

낱말을 새끼 꼬듯이
엮어 내는 인생 꽃

안개의 도시 포르투갈

타호강 산언덕에 강림한 우리 예수
리스본 로시우는 지키는 페드로왕
버스킹 광장 문화는 낭만 듬뿍 물든다

흰옷의 사충 고탑 바스코 다가마 등
타구스 선박 출입 감독한 흰 기념탑
박제된 출전 비행기 위용을 뽐낸다

유럽의 최서단인 대륙 끝 유라시아
호카곶 명승만큼 높푸른 절벽 위에
수평선 카보다로카 대항해비 비춘다

파티마 강렬한 빛 전 세계 비추듯이
세 어린 양치기의 신실한 찬송으로
태양이 춤추는 기적 순례길이 열리다

우리 땅 독도

울릉도 남동쪽에 뱃길로 이백 리 길
비 오는 날이 많아 식물이 육십여 종
본초류 자생한 덕은 육지바람 닿는 덕

저절로 그늘 만든 오래된 사철나무
황조롱 바다슴새 새 종류 스물두 종
섬대표 괭이갈매기 조류 중에 다산 종

교차로 난류 한류 어종이 풍부하여
불 켜진 황금어장 열강이 눈독 들여
미역도 꽁치 방어도 기름배에 몸살 중

고체의 천연가스 메탄 하이드레이트
바닷속 심층수는 생명 잇는 식음수
안용복 의용수비대 별이 되신 수호성

독도의 옛 이름이 삼봉도 독섬인데
심흥택 울릉군수 독도로 표기하여
의연히 침략의 손길 곧추세운 으뜸 일

일본의 태정관이 확인한 대한 영토
대한의 백성들이 이 섬에 거주하니
아, 41호 국제적 인정 영원무궁 우리 땅

울릉도역 플랫폼

풍랑 속 거친 동해 독도를 키운 어매
발 묶인 일주도로 끊어진 배편 대신
터널 위 높은 파도를 단 한숨에 뚫는다

거북바위 촛대바위 기도 속 단잠 들고
섬말 곁 나리분지 융단을 깔아 놓듯
행남의 해안 산책로 꿈의 다리 얹는다

맑은 물 뱃전 해풍 칼칼한 오징어탕
저동항 야경 속에 청춘이 숨을 쉬고
레일 위 대풍감 낀 채 일출 명소 휘돈다

하늘 끝 기적 소리 귀 닿는 섬피나무
투박집 너와집에 오르는 굴뚝 연기
마침내 태고의 신비 성인봉을 싣는다

인간의 향기

1. 말의 품격
머리를 나무처럼
목을 뺀 도도한 말

큰 그릇 작은 그릇
그 크기 결정하듯

인간사 말의 향기가
말투 속에 꽃핀다

2. 걸음의 품위
성급히 결정 않고
차분히 생각하다

큰 걸음 종종걸음
사색이 감돈 자취

인물도 마음 깊이도
걸음마다 깃들다

인과관계

갈대꽃 흔들리면

가을이 저문 걸까

밤하늘 쏟아지듯

별똥별 꽃밭일레

내 마음 뒤집어 보면

넓은 바다 물고기

장난감 병정

눈 뜨면 꽂이 피듯
춤추는 색종이 꽃
저격수 고블린의
짝사랑 발레리나
사랑을 거역한 형벌
내던져진 생명줄

바람이 불어와서
종이꽃 날려 주고
병정과 발레리나
기어코 만난 운명
불속에 녹아 흘러도
뗄 수 없던 그 시선

밤마다 꿈을 꾸던
장난감 꼬마 병정
사랑한 그 이유가
나 닮은 외다리라
마침내 꽃불 속에서
피어오른 두 다리

참 행복

인간사 살림 중에
곧은 길 높은 문화
부탁한 비굴한 손
들어준 검은 양심
이 둘을 가까이하면
밤도 잠도 불편타

욕심이 적을수록
공명은 널리 퍼져
으뜸의 벼슬살이
청렴과 공정인데
이 둘을 잘 길들이면
참 행복이 예 있네

친구가 들어주면
우정에 금이 가고
자식을 부탁하면
부모가 패가망신
어떠한 금은보화로
이 행복을 바꾸리

푸념 사설

수많은 사람 중에
하필 왜 나였을까
공붓길 쉽지 않고
사는 게 힘들었지
부부가 이념 다르면
그 자체가 생리통

돌아본 내 자취가
아파서 원망했지
울다가 잠을 깨니
머리가 희끗희끗
한평생 편안한 삶은
그 누구도 없다지

인상을 팍팍 쓰고
떼써도 후회일 뿐
잃어야 심정 알고
늙어야 철이 들지
내 일생 야간전투병
받은 대로 살련다

후회

그때는 최선이야
그 외엔 방법 없어

잘못된 첫 만남이
관 위로 쓰러진다

공연히
돌아본 얼굴
눈물 흔적 남기다

5

동시조 편 닭똥

강가, 배회하다

새벽녘 장마 지난
강둑을 달려가다

흙물 쓴 달개비꽃
서러운 하얀 눈물

넓적한
빨래 바위도
기다리는 울 엄마

김치 냉장고 2

밥도둑 필요할 때
멸치젓 꺼내 먹고

순대국 간 맞출 때
새우젓 뚝딱 풀 듯

울 엄마 저온 저장고
딱이에요 내 입맛

날씨가 쌀쌀할 때
묵은지 끓여 먹고

날씨가 훈훈할 때
부추전 부쳐 먹죠

울 엄마 보물창고가
다름 아닌 바로 너

닭똥

꼬꼬꼬 꼬꼬닭아
되도록 많이 싸렴

네 똥이 우리 밭에
사과 맛 약이라네

세 개나
몰래 먹어도
어디 갔어, 네 똥 맛

뜨개질

언니실 단을 엮어
노오란 꽃향 담고

엄마실 조끼 속에
검붉은 매화 넣고

한겨울 짜내는 손길
꼬불꼬불 꽃 피죠

털실이 재주부려
노란 팔 달아내고

자주색 내 몸판도
거뜬히 빚은 솜씨

끊어진 털실 이어서
새봄 한 벌 짓지요

재봉틀 재주

언니 옷 단을 줄여
내 옷을 만들고요
할머니 닳은 쉐터
원피스 변신하는
우리집 재봉틀 재주
귀신 같은 멋쟁이

누이 옷 내가 입고
할매 옷 언니 입고
돌고 돈 물레처럼
마음도 잘 돌아가
우리집 재봉틀 재주
요술쟁이 멋져요

민화 속 호랑이

아랫집 순화네가
날 잡아 가뒀잖아

날씨도 시원찮아
사냥도 어려운데

짬 내어 범산에 가서
장작 한 짐 해 올까

봄 레일톡

가슴이 울멍울멍
톡톡톡 보낸 신호
고드름 깜짝 놀라
파지직 떨어진다
살비늘 촉촉이 녹아
깨어나는 물초롱

잠자리 싱숭생숭
밤하늘 나서 보니
샘 가득 은하별이
겹겹이 소복하다
민들레 고운 숨결에
전해 오는 봄소식

생각이 날 듯 말 듯
인연 길 따라가니
꿈속의 고운 얼굴
눈앞에 펼쳐진다
나비 떼 꽃향기 쫓다
봄 레일톡 담는다

새들도 뜬 별같이

뜬 것은 새가 된다
내 맘을 싣는 하늘

뜬 것은 비행기다
내 소도 프로펠러

새가 된
야간 비행기
별집마다 불탄다

수안보 꽃비 견문기

밤잠을 설친 엄마 아침밥 늦은 통에
언니가 늦게 씻고 아빠가 늦게 씻고
맨 먼저 일어난 나는 이방저방 돕니다

이불도 잠꾸러기 화장실 불납니다
싸우듯 하나뿐인 변기통 촤르르르
물소리 성이 난듯이 속앓이를 합니다

수안보 벚꽃 보러 출발한 우리 가족
엄마꽃 입술부터 빨갛게 물듭니다
언니꽃 동그란 볼이 핑크빛이 됩니다

아빠는 도착해서 둘레길 앞장서니
순백의 팝콘처럼 날리는 꽃비 행렬
향낭이 터진 그 자리 취하면서 갑니다

수안보 팝콘 축제

사월의 심장 향해
축포를 터뜨리듯
둘레길 하얀 팝콘
태어나 눈뜬 아침
우윳빛 기지개 펴고
석문천을 날아요

가지 끝 마른 몸집
뜨거운 심장박동
꽃등을 대신해서
뻥 튀긴 분홍 팝콘
노포란 향기 뿌리며
아가 춤을 추어요

봄비가 내리듯이
꽃비가 날리듯이
샛바람 데려와서
벌이는 팝콘 잔치
주정산 지키는 장끼
와락 한 입 물어요

아가 대화법

울 아가 찝찝하면
으애앵 자꾸 울죠
그 소리 기막히게
잽싸게 알아듣듯
할머니 뱉은 첫마디
"울 대감님 또 쌌소."

울 아가 배고프면
으아앙 오래 울죠
그 소리 희안하게
말의 뜻 알아듣듯
울 엄마 활짝 웃으며
"울 왕자님, 배고파."

아아, 아부지

아부지 한잠 자고 정오에 일어났지
네모난 밥상 앞에 구부정 앉은 가장
야근이 고된 탓인가 어깨마저 무겁다

"내 새끼 많이 컸네 밥 먹고 잘 커래이."
생일도 졸업식도 아부진 안 보였어
남의 집 궂은일까지 휴가 없이 살던 몸

퇴직철 밝은 대낮 아부진 바싹 말라
낯설은 할아버지 얼굴로 나타났어
허름한 낡은 바지통 펄럭펄럭 울었지

밤에만 잠깐씩 본 눈빛만 감돈 걸까
이제는 함께 산다 좋아라 싶었는데
거꾸로 내가 늦게 와 기다리는 아부지

안동역 2

낙동강가 운흥동
아지랑이 철길로
쉬우웅 쇳소리에
웅성웅성 또각또각
노오란 호각 소리에
꿈에 젖은 어린 새

긴 꼬리 돌아보니
구름보다 빨리 가고
산속으로 달아난 후
잡히지 않는 친구
어느새 철거덕 소리
잠이 든 파랑새

왕의 온천 수안보

할머닌 주말마다
온천욕 간다 해요
뜨거운 기운으로
얼굴이 벌건데도
열탕을 거리낌없이
시원하다 말해요

아빠는 온천수를
맛보는 고수지요
사우나 고온으로
어깨가 벌건데도
우리집 왕의 톤으로
개운하다 말해요

엄마는 미끈미끈
미용을 하나 봐요
온탕의 열꽃으로
피부를 문지르듯
눈부신 피부의 여왕
매끈하게 변해요

우물

두레박 양철통에
엄마가 용을 써요

살 없는 여린 몸에
매달린 갓난 동생

물 길어 오르내린 몸
울 아가 살 올라요

울 엄마 이름

엄마 손 높이 잡고
놀이터 가는 길목
“이람맘 어디 가요.”
“애기랑 놀이터요.”
이상해, 울 엄마 이름
이람이는 나인데

엄마랑 할머니랑
아빠랑 할머니랑
할머니 엄청 많아
이모도 아주 많아
똑같이 부르는 소리
한결같이 이람아

일개미

우리집 식구보다 개미네가 더 많다
일개미 가는 허리 엄마랑 꼭 닮았다
치마끈 휙 돌려 매면 엄마 몸도 두 조각

새벽에 밥해 놓고 할머니 밥 먹이고
점심에 빨래하고 할머닌 새 기저귀
부추밭 나물 다듬고 마중 나간 정류장

개미랑 비교하니 엄마가 일이 많다
저녁에 쉬는 시간 엄마는 우리 걱정
잔잔한 개울터 가서 다슬기도 잡으니

툇마루

우리집 툇마루는
간이역 다름없죠

유모차 할매들이
쉬어 간 수다 장소

밥상도
들어앉히듯
손님맞이 방이죠

할머니 잔소리

울 할매 나만 보면 물었지 “밥 묵었나.”
“네.” 하는 건성건성 대답도 이쁘단다
할머닌 “밥 많이 묵고 얼른 커라.” 말한다

밥 먹기 싫은데도 똑같은 잔소리들
밥 많이 안 먹어도 이만큼 키가 컸지
잔소리 들을 수 없어 보고 싶은 울 할매

나 혼자 “얼른 커라 밥 무라.” 외어 본다
어쩐지 키가 커도 기분이 좋지 않다
밥 묵고 키 크란 소리 오래 듣고 싶은데

할머니 집에 가면

삼천리 버스 타고
할머니 집에 가면
나무도 쌩 달리고
들판도 따라와유
뽀오얀 가로수 친구
손 흔들며 반겨유

굽은 등 일으키고
흔드는 마른 손길
바둑이 낑낑 대는
낮은 등 달래다가
버스가 당도한 집 앞
치마 접고 서지유

장독대 놓인 뒤란
당산의 메뚜기도
강바닥 자갈돌도
모두가 동무지요
언제나 편안한 그곳
할머니를 그려요

호박 타령

보들 잎 따는 손길
애호박 반질 찌다

물장구 치다 말고
밥상 앞 앉은 막내

내 속을
다녀간 어매
호박반찬 꼴까닥

따뜻한 수사적(修辭的) 언어, 추운 겨울마저 품는다

—한다혜 시조집 『봄 레일톡』의 시세계

정유지(한국시조문학진흥회 이사장)

1. 충주 수안보온천은 영혼을 치유할 따뜻한 언어를 생성한다.

"선생님, 시를 어째 배워야 하는 거죠? 대학의 진학에는 도움이 안 되는데."

"여러분, 시와 예술은 인생이고 가치죠!"

영화 '죽은 시인의 사회'에서 월튼 고교 새내기 교사 존 키팅에게 한 학생이 묻고, 키팅은 교실의 학생들에게 대답한다. 이 영화는 1990년 개봉했고 작품 배경은 1950년대 미국 학교이다. "여러분이 목표로 삼는 의사, 법조인, 정치가, 다시 말해 의술과 법, 정치 모두 고귀한 일입니다. 그러나 이들은 삶에 필요한 수단과 방법이지 그 자체가 목적이 아닙니다. 대신 행복이 뭘까를 고민하고 이를 바탕으로 만들어 낸 시와 예술은 그 자체가 인생의 목표입니다.” 이후 키팅은 시인들의 작품을 가르치다 쫓겨난다. 키팅 말처럼 교육을 통해 삶의 목적과 가치를 찾는 게 아니고 대학입시에만 편중돼 삶의 가치를 잃고 있다. 한다혜 시인은 키팅 선생님처럼 학생들에게 인생의 가치를 구현하는 전통 시조를 전수하고 있는 현재 영천중학교 교감 선생님으로 봉직 중인 현직 엘리트 교사이다. 요즘 한 시인은 국어 선생님을 도와 학생들에게 시조를 소개하고, 시조를 보급하는데 여념이 없다. 실제로 2018년 제1회 역동시조문예축전 전국시조백일장과 2019년 제6회 수안보온천시조문예축전 전국시조백일장에서 영천중학교 학생들이 상당수 입상하는 기염을 토했다.

하이쿠(俳句, haiku)는 일본을 대표하는 문학 장르 중 하나다. 한편, 시조는 대한민국을 대표하는 문학 장르 중 하나라고 말할 수 있다. 또한 사설시조는 리얼리티(Reality) 시문학의 선구자와 같다. 고시조가 존재하지 않았다면 정형 시문학의 원조도 존재하지 않았고 오늘날과 같은 찬란한 한국 현대문학의 전성기가 도래하지 않았을 것이다. 시조는 한국의 전통 시가(詩歌) 중에서 소멸하지 않고 오히려 가장 한국적인 가락과 정서를 전매특허로 삼아 대한민국 국가대표로 살아남은 유일 장르라고 할 수 있다. 시조는 한마디로 시대를 노래하는 전통의 그릇이다. 시대정신과 작가정신을 근본적으로 지향한다.

마경덕 시인은 한다혜 시인을 “세상과 대면하며 얻은 깨달음으로 시의 뼈대를 만들어 간다. 시의 골격은 완만하고 유연하지만

희로애락의 무늬가 다양하게 새겨져 있다."라고 평가한 바 있으며, 김종섭 시인은 "언어구사에 막힘이 없는 주술적 재능을 지닌 듯하며 모성적 치유사의 모습을 보여 준다. 개인적 슬픔을 승화시켜 이웃과 함께 가며, 베풀어 주려는 사랑이 그의 시적 에너지이다."라고 극찬을 한 바 있다.

한다혜 시조시인의 시적 세계는 크게 두 가지 경향을 보이고 있다.

첫째, 격조 높은 시조의 정형미를 선보인 동시에, '수안보온천'이란 역사적 아이덴티티(Identity)를 확보하고 공유 아이콘(Icon)으로 바라보고 있다는 측면에서 긍정적인 평가를 받기에 충분했다. 또한 53℃ 왕의 온천수, 수안보온천과 시적 상상력을 접목시켜, 유리알 같은 언어들을 생성해 내고 있는 것이다. 더불어 충주의 아름다운 풍경을 시조로 형상화시키고 있다. 아울러 한다혜 시조시인의 정신세계는 순수한 영혼의 향기로 빚어낸 작가정신이 시조 골격 중심부에 자리잡고 있다. 끌림의 시적 감성으로 발화시키는 육화(肉化)된 시어들이 벚꽃 명상도 가능하게 만들고 있다. 수안보온천수 속에서 톡톡톡 피어나는 감동의 캐릭터(Character)로 피곤에 지친 영혼들을 다독이고 있다. 한다혜 시인은 생명의 온천수와 같은 힐링 메신저로, 정신적으로 상처받은 이들에게 카타르시스(Catharsis)의 메시지를 남기고, 대화와 타협이 거세된 불통시대를 향해 소통의 중요성을 각인시켜 주는 명의(名醫)의 시적 안목을 갖고 있다.

둘째, 정제된 언어와 시적 내공을 바탕으로 삼은 가운데, 우주를 가슴으로 품을 만큼 넓은 시적 통찰력으로 휴머니티를 발산시키고 있다. 시적 대상이 갖고 있는 미학을 한눈에 꿰뚫고 있는 유려한 시선은 우리 시대 문학의 위기를 돌파할 새로운 대안으로써 전혀 손색이 없다. 고립되지 않은 생기발랄한 시적 역량을 통해 선경(仙境)의 경지에서 빚어내는 시조의 그릇으로 대자연과 소우주를 담아내고 있음을 주목하지 않을 수 없다. 수안보온천을 세계적인 문화 명소로 업로드(Upload)시키는 홍보대사의 역할까지 마다하지 않고 있다. 이제 한다혜 시인과 수안보온천은 시적 연결고리로 자리잡고 있다.

"수안보온천은 53℃의 온도로 세상을 따뜻하게 품는다. 그 따뜻함의 출발점은 감동의 언어에서 태동된다."

무릇 시어 속에는 날카로운 칼날과 같이 정교한 일침을 통해 상대방을 굴복시키거나 심지어는 촌철살인(寸鐵殺人)의 시대정신이 내재되어 있다. 또한 생각의 심층 투명도가 내재되어 있다. 더불어 맑고 그윽한 시적 향기를 품고 있는 꽃과 같은 모습이 내재되어 있다. 추운 겨울마저 녹이는 따뜻한 온천수가 내재되어 있다. 심지어는 상대방의 마음을 움직이게 만드는 아름다운 소통의 설계도가 내재되어 있다. 시인은 그 감동의 수안보온천수를 빚어 사월을 초대하고 있는 것이다.

시인은 감동의 근원적 발화점인 수안보에 대한 특화된 캐릭터를 구현하고 있다. 바로 「수안보온천」에서 이를 확인할 수 있다.

새벽녘 유성우를
생생히 띄운 노천

월악산 타고 놀던
안개가 깃을 털 듯
뜨겁게 가슴을 열어
맞이하는 아달라

석문천 끓는 열정
온천리 데운 자리
온정의 깊은 속내
고결한 가풍 빛듯
온가족 둘러앉아서
화엄경을 읽는다

—시조 「수안보온천」 전문

인용된 「수안보온천」은 천년 온천의 숨결 속에 잠들어 있던 노천탕과 안개의 깃을 시인이 끄집어내어 고결한 가풍을 빛고 화엄경(華嚴經)까지 읽고 있는 가작(秀作) 중의 가작이다. 수안보온천은 무색(無色), 무취(無臭), 무미(無味), 투명함을 생명으로 하고 있으며, 물에 포함된 각종 성분은 피부와 생리작용, 세포조절 등의 효능을 가지고 있다. 땅속에서 콸콸콸 쏟아지는 온천수야말로 건강을 되찾게 만드는 최고의 생명수인 것이다. 수안보온천은 심신이 다운된 이에게 새로운 활기를 선물하고 피부병조차 낫게 하는 일명 '신이 내린 온천 고장'인데, 신선의 경지로 바라보고 있는 것은 어쩌면 당연한 이치다. 우리는 누구이며, 이 세계는 어떤 곳이며, 어떻게 살아야 할 것인지에 대한 답이 바로 '화엄경' 속에 펼쳐져 있다는 존재적 자각을 가능하게 함으로써 진리의 축소판 '화엄경'을 이해하게 만드는 시적 환기 작용을 하고 있는 것이다.

시인은 수안보온천에 대한 생각만 해도 가슴이 뜨겁다. 「벚꽃 명상」을 통해 따스한 시선을 확인할 수 있다.

꽃물 든 하늘 타고
벌 나비 윙윙 잡다
구성진 추임새로
들놀이 나서 본다
저물녘 햇살 앉은 곳
따스하게 맞았지

흰 구름 둥둥 뜨듯
하늘 꽃 지천인데
바람의 바퀴 달고
고지로 올라간다
어스름 꽃잎 내린 곳
꽃비 가득 쌓였지

–시조 「벚꽃 명상」 전문

수안보는 꽃들이 다 지는 시기인, 4월 중순경이 되어서야 벚꽃들이 만개한다. 꽃들은 깊고 그윽한 향기를 내뿜는다. 시인은 수안보의 벚꽃의 낙화 현상을 명상적 어법으로 재해석하고 있다. '흰 구름 둥둥 뜨듯/하늘 꽃 지천인데/바람의 바퀴 달고/고지로 올라간다' 라는 최고의 시구(詩句)로 표출하고 있는 것이다. 상상력으로 치장한 어법으로 '벚꽃 명상' 을 이토록 잘 어필한 시조가 또 있던가. 압권 중의 압권이다. 특히 벚꽃들이 하얗게 핀 달밤은 아름다운 풍경의 극치 그 자체라고 말할 수 있다. 달밤에 걷는 벚꽃

거리는 그리움이 툭툭 피어나는 것과 같이 몽환적인 분위기를 연출한다. 이 때문에 충주시 당국과 수안보면은 온천제와 벚꽃축제를 같이 해마다 하고 있다. 벚꽃축제를 주최하는 지역은 많다. 그럼에도 수안보 벚꽃축제는 전국에서 가 볼 만한 곳 열 곳 중 한 곳으로 꼽힌다. 시인은 수안보온천의 모습을 한눈에 확인할 수 있는 「주정산 꽃불」에 어느새 심취해 있다.

사월을 풀어놓듯

초록을 덧칠하다

대동맥 봉수대에

연자색 물든 꽃불

벚꽃을 날리는 바람

꽃비마저 뿌리다

–시조 「주정산 꽃불」 전문

꽃불은 꽃들이 절정의 순간을 터뜨린 최고의 장면을 일컫는 시적 표현이다. 얼마나 아름다운 말인가? 감탄을 자아낼 수밖에 없는 대자연의 풍경을 단시조로 압축시켜 놓은 것이다. 경이롭고 신비롭기까지 하다. 시적 배경인 주정산(周井山)은 충주 수안보면과 괴산군 장연면과의 경계선상에 위치한 산으로 해발 440m 높이의 주산이다. 산은 부드럽고 낮은 능선이나 4개의 작은 봉우리 중 정상의 봉우리는 '봉수대'가 있어 역사의 한 장으로 기억해야 할 대동맥이기도 하다. 거리가 짧아 수안보의 온천욕 관광과 더불어 누구나 쉽게 산행을 할 수 있는 장점도 있다. 시인은 사월을 맞이한 주정산의 초록빛 향연을 바라보고 있는 가운데, 연자색으로 물든 꽃의 혼불을 신선의 시선으로 바라보고 있다. 꽃비를 탐색해 내는 시선 속에서 오랜 연륜과 시적 경지가 아니고서는 절대 쓸 수 없는 시적 역량도 발견할 수 있다.

시인은 우윳빛이 깃든 「수안보 팝콘 축제」를 즐기러 나왔다.

사월의 심장 향해
축포를 터뜨리듯
둘레길 하얀 팝콘
태어나 눈뜬 아침
우윳빛 기지개 펴고
석문천을 날아요

가지 끝 마른 몸집
뜨거운 심장박동
꽃등을 대신해서
뻥 튀긴 분홍 팝콘
노포란 향기 뿌리며
아가 춤을 추어요

봄비가 내리듯이
꽃비가 날리듯이
샛바람 데려와서
벌이는 팝콘 잔치

주정산 지키는 장끼
와락 한 입 물어요

–동시조 「수안보 팝콘 축제」 전문

수안보의 전통적 정서와 정취를 동심으로 그려 내고 있으며, 나아가 분홍 팝콘 잔치로 귀결시킨 동시조의 극치를 선보였다. 벚꽃이 날리는 바람 속에서 팝콘이 톡톡 터지듯 아기자기한 벚꽃의 심장박동 소리도 발견할 수 있다. 2수 중장에서 '꽃등을 대신해서/ 뻥 튀긴 분홍 팝콘'의 시적 표현은 선명한 이미지로 다가오는 출구로 작용한다. 여기서 노포란(鷺抱卵)이란 지명이 인용되었는데, 노포란은 수안보의 옛 지명으로 '백로가 알을 품은' 지형을 의미한다. 아울러 수안보온천은 벚꽃과 그 운명을 같이한다. 일반적으로 벚꽃이 질 무렵인 4월 중순경이 될쯤, 수안보는 오히려 벚꽃이 만개한다. 이 시기에 맞춰 매년 수안보온천제의 막도 오른다. 천년 온천과 벚꽃의 운명적 결합이 결국 상춘객(賞春客)들의 힐링 명소로 재탄생시키는 원동력이 되고 있기 때문이다. 어디 그뿐인가. 사단법인 한국시조문학진흥회가 시조의 불씨를 살려 〈수안보온천시조문예축전〉이란 문화코드를 지역 온천축제에 접목시킴으로써, 수안보온천의 새로운 활력소로 거듭 태어나고 있다. 한마디로 '수안보 팝콘 축제'는 대기만성(大器晩成)의 섭리를 탄생시킨 벚꽃 이미지의 완결판인 것이다. 시인은 역시 동심을 유지하면서 「왕의 온천 수안보」를 바라본다.

할머닌 주말마다
온천욕 간다 해요

뜨거운 기운으로
얼굴이 벌건데도
열탕을 거리낌없이
시원하다 말해요

아빠는 온천수를
맛보는 고수지요
사우나 고온으로
어깨가 벌건데도
우리집 왕의 톤으로
개운하다 말해요

엄마는 미끈미끈
미용을 하나 봐요
온탕의 열꽃으로
피부를 문지르듯
눈부신 피부의 여왕
매끈하게 변해요

—동시조 「왕의 온천 수안보」 전문

인용된 동시조는 역설의 시적 화법으로 극적 효과를 나타내고 있다. 첫 수에서는 할머니의 역설적 어법이 통용된다. 수안보온천의 열탕을 시원하다고 말하는 그 언어의 기저에는 뜨거움으로 자신의 몸을 다스리는 선인의 미학이 숨겨져 있다. 둘째 수에서는 아빠의 역설적 어법이 주된 테마다. 어깨가 벌건데도 개운하다고 말하는 그 언어의 기저에는 온천수를 즐겨 찾는 온천마니아의 수사적 언어를 식별할 수 있다. 셋째 수에는 엄마의 변신이 주된 테마인데, 뜨거운 온탕의 열꽃으로 미용을 하고 결국 매끈한 피부의 여왕으로 등극한다는 설정이 귀엽고 깜찍하다. 온천수로 피부를 개선시키는 어른들의 세계를 엿볼 수 있게 만든다. 신라 8대 아달라왕 12년(165년), 백제와 전쟁에서 승리 후, 신라로 돌아가던 중 수안보 석문천(石門川)에서 남루한 거지들이 연신 물을 뒤집어쓰고 있었다. 땅속 물이 솟구쳐서 이를 몸에 뿌리더니 피부병이 나았다는 수안보 수령의 이야기에, 아달라 왕은 한동안 온천욕을 즐겼다고 한다. 수안보 수령은 왕이 머문 곳이라 하여 이곳을 '왕의 온천'이라 명명했다. 지하 200여 미터 아래에서 솟아올라 53℃에 달한다는 왕의 온천수야말로 힘든 여정을 하얗게 녹아내리게 하는 계기를 만든다. 수안보온천은 조선 시대 태조 이성계가 악성 피부염을 치료하기 위해 자주 찾았다. 또 세종대왕도 즐겼다는 문헌 기록을 찾아볼 수 있다. 시인은 점점 더 인간미를 상실하고 있는 우리 시대를 향해 '순수성'이라는 지식인의 메시지를 보내고 있는 것이다. 세상을 따스하게 감싸 줄 온천수 캐릭터로 숨겨진 미학을 찾고 방황하는 영혼들의 가슴을 어루만져 줄 따뜻한 수사를 펼치고 있다. 수안보온천수는 천년 시조의 그윽한 향기와 어울려 세상을 구할 따뜻한 언어를 벚꽃처럼 생성시키고 있는 것이다.

2. 전통에 대한 고집, 그 고집이 대한민국을 아름답게 지킨다!

"오래된 것들, 전통의 모습은 다 아름답다. 단시조처럼 작은 것이 아름답다."

위기의 순간일수록 단순하고 오래된 기술이 첨단기술보다 강하고 빛날 때가 있다. 첨단장비가 갑자기 무용지물이 되었을 때, 아날로그 방식이 큰 힘을 발휘하는 순간이 그때이다. 가령 군대에서 위성위치확인시스템 GPS(Global Positioning System)의 오작동으로 군이 위험에 처했을 때 독도법을 배운 리더가 나침판과 지도를 펴놓고 지도정치를 한다면 방향감각을 잃은 군인들에게는 지도 한 장과 나침판이 희망의 전령이 된다. 최첨단 디지털 장비에 밀려 아날로그식 옛 장비가 도외시되더라도 위급한 순간 가장 힘센 무기가 되는 것이다. 가령 자유시가 발전하면 발전할수록 전통의 가락을 계승, 발전시키고 있는 우리의 시조 역시 그 가치가 높아지는 것이다.

반딧불이는 손톱보다 작은 곤충이다. 그러나 그들이 뭉치면 캄캄한 숲을 밝히는 별이 된다. 마찬가지로 반딧불이처럼 휴머니티의 회복과 암울한 세상을 밝히는 한다혜 시조시인을 발견했다. 그녀가 세상에 뿌려 놓은 반딧불이 같은 시조들이 서로 보듬고 일으켜 하나된 힘을 발휘하며 험한 세상을 걸어왔다. 오래 이어 온 그녀의 시간은 아날로그이며, 낡아 보일지라도 견고한 언어의 집은 숙련된 도공의 손처럼 명품이다.

간찰(簡札)이란 편지다. 예전엔 종이, 죽간, 비단 위에 글을 적어 가족, 친지, 친구들에게 보냈다. 오랜 시간 동안 정성들여 먹을 갈고 그 먹을 찍어 한 획 한 획 숨결을 불어넣듯 글을 적었다. 단순한 소통의 수단이 아니라 한 글자 한 글자에 마음과 의지와 영혼, 진정성과 곡진함 바람을 담았었다. 근대 이후 종이에 연필, 볼펜, 잉크를 사용해 편지를 쓰게 되었고, 쉽고 빠른 이메일(E-Mail)과 카카

오톡(KakaoTalk) 등, SNS(Social Network Service)를 통해 안부를 묻고 일상을 주고받는 오늘에 이르렀다. 하지만 디지털은 모든 것을 '빠르게, 편리하게'에 초점을 맞춰 발전해 가는 반면 인간의 내면은 삭막해지고 더 메말라 가고 있는 실정이다. 온정이 사라져 가는 우리 시대 속에서 시인은 자신의 정체성을 되찾고 있는 「미역국」이 든 뚝배기를 통해 스스로에게 간찰을 보내고 있다.

열 오른 뚝배기 속
파란 꿈 숨어 있다

검푸른 바닷바람
데려온 초록머리

외동딸
귀빠진 오늘
고명 듬뿍 올린다

—시조 「미역국」 전문

일반적으로 미역을 넣어 끓인 국을 미역국이라 부른다. 그런데 시인에게 있어 이 미역국은 특별하다. 중장에서 선보인 '검푸른 바닷바람 데려온 초록머리'를 통해 시적 대상인 미역과 서정적 자아인 자신과의 아이덴티티(Identity)를 회복하고 있는 것이다. 종장에서 고명을 듬뿍 올리고 있는 시적 진술은 생일날의 추억을 부각시키고 있는 시적 어법이다. 고명은 음식의 모양과 빛깔을 돋보이게 하고 음식의 맛을 더하기 위하여 음식 위에 얹거나 뿌리는 것을 통틀어 이르는 말이다. 부모에게 있어 외동딸의 경우엔 그 외동딸이 얼마나 사랑스러울까? 생일잔치를 하지 말라고 해도 그 부모는 크게 차려 줄 것 같은 시적 분위기를 엿볼 수 있다. 시인은 순수함을 가진 「달맞이꽃」을 향한다.

간절한 그대 생각
바람이 소식 전해
달 보고 해 그리고
해 보며 달 그리다
묵묵히
키워 온 사랑
불 밝히듯 펼치다

밤하늘 구름 보고
수줍게 미소 짓고
교교한 달빛 아래
반듯한 이목구비
처연한
연서로 띄운
그리움을 내놓다

–시조 「달맞이꽃」 전문

시인에게 있어 달맞이꽃은 간절한 그리움의 전형이다. 묵묵히 사랑을 키우는 실체이다. 구름을 보고 미소를 지을 만큼 수수하고 처연한 연서를 띄울 만큼 순정적이다. 일반적으로 나팔꽃과 달맞이꽃은 많은 이로부터 사랑받아 온 꽃이다. 7월에 피기 시작해 8

월에 절정기 맞는 달맞이꽃은 같은 시기에 피었다가 찬바람 불면 점차 사라진다. 두 꽃은 낮에 꽃잎을 오므리고 있다. 나팔꽃은 꽃잎을 아침에 열고, 달맞이꽃은 꽃잎을 밤에 열기 때문이다. 두 꽃은 모두 외국서 건너왔다. 나팔꽃은 인도가, 달맞이꽃은 남미가 원산지이다. 외래종 식물인 셈이다. 이렇듯 외래식물이 차지하는 비율이 48.6%라고 국립수목원이 밝힌 바 있다. 시인은 달맞이꽃의 여운으로 「봄 레일톡」에 심취한다.

가슴이 울멍울멍
톡톡톡 보낸 신호
고드름 깜짝 놀라
파지직 떨어진다
살비늘 촉촉이 녹아
깨어나는 물초롱

잠자리 싱숭생숭
밤하늘 나서 보니
샘 가득 은하별이
겹겹이 소복하다
민들레 고운 숨결에
전해 오는 봄소식

생각이 날 듯 말 듯
인연 길 따라가니
꿈속의 고운 얼굴
눈앞에 펼쳐진다

나비 떼 꽃향기 쫓다
봄 레일톡 담는다

–동시조 「봄 레일톡」 전문

'봄 레일톡' 은 한마디로 '봄을 향해 달려가는 기차 안에서 펼치는 가벼운 대화' 또는 '봄을 향해 달려가는 계절의 신호' 로 의역해 볼 수 있다. 아마도 시인은 후자에 가까운 것 같다. 여기서 레일(Rail)은 철도(鐵道)를 뜻하며, 톡은 토크(Talk)의 줄임말로써 대화를 말하거나 독자적인 신호를 말하기도 한다. 물초롱, 은하별, 나비 떼 같은 초월적 기표들이 봄의 하모니를 만드는 역할을 하고 있다. 인용된 작품을 읽다 보면 봄바람과 아지랑이도 연상되어 떠올려진다. 동심을 자극하는 천연사이다의 탄산작용처럼 톡톡 튀는 언어의 기포를 발산시키면서 봄의 향연을 정교한 언어로 갈무리시키는데 성공한 작품임을 한눈에 확인할 수 있다. 시인의 시선은 봄 열차를 타고 「춘양역」에 잠시 정차한다.

태백을 향한 길목
이름 참 고운 역사
오뉴월 흰 눈발로
구듯발 시려 오고
풀어논 옥수 계곡물
속정 깊은 산골역

푹푹푹 찐 옥시기
솔솔솔 파는 광장
출출한 맘 붙드는

별미 중 최고 별미
춘양목 멋진 대들보
춘양 인심 흐른다

과수원 담장길에
구기자 얹힌 자리
정 먹은 빨간 열매
사랑을 꿈꾸었지
봉화의 억지춘향도
환갑마저 넘겼다

—시조 「춘양역」 전문

시인은 태백을 향한 길목에 서 있는 산골역 춘양역(春陽驛)에 깊은 애착을 가지고 있다. 서정적인 분위기 속에서 펼쳐내는 아름다운 옥수 계곡물과 별미 중 최고 별미를 자랑하는 푹푹 찐 옥시기의 고장 역시 진솔하게 잘 부각시키고 있다. 구기자 빨간 열매로 사랑을 꿈꿀 만큼 아직도 시인은 소녀 같은 감성의 소유자이다. 1955년 7월 1일생인 춘양역도 환갑을 훌쩍 넘겼음을 알려 주고 있다. 세월의 무상함을 잔잔하게 독백하듯 토로하고 있다. 춘양역은 경상북도 봉화군 춘양면 소재지에 위치한 영동선의 철도역이다. 작품 속에 인용된 억지춘양(향)의 발원지가 이 동네라는 설이 있다. 원래 영암선(영동선의 전신)이 부설될 때 춘양면을 통과하지 않기로 되어 있었으나 억지로 선로를 꺾어 가면서 이 동네를 거치게 했다는 유래가 있다. 원래 국어사전에서 억지춘향이란 억지로 어떤 일을 이루게 하거나 어떤 일이 억지로 겨우 이루어지는 경우를 비유적으로 이르는 말을 뜻한다. 과거에는 이곳에서 대들보로 유명한 춘양목을 수송했다고 한다. 시인은 춘양역을 출발해서 「데이지꽃」에 다다른다.

저물녘 눈이 부신
몽환적 그녀 자태

쪼그만 노란 꽃술
쏟아 낸 달빛 언어

밤마다 속살 감춘 채
다소곳이 잠들다

—시조 「데이지꽃」 전문

시인은 '데이지꽃'의 매력에 홀딱 빠졌다. 저물수록 눈이 부시고, 몽환적 자태가 나타난다. 달빛 언어를 구사할 줄 알고, 속살 감춘 채 밤잠을 이루는 지상 최고의 꽃인 것이다. 데이지(Daisy)꽃의 꽃말은 '명랑', '순수한 마음'이다. 아울러 결혼식 날 부케와 화관을 모두 데이지로 한다. 화사하고 은은한 데이지꽃 향기로 도심 곳곳을 장식하는 도시가 생겨나고 있다. 일명 꽃향기 가득한 도시 프로젝트이다. 은은한 빛깔에 이끌려 당도한 곳이 데이지꽃 비밀화원이다. 봄의 향연에 취한다. 시인은 가슴속 사연을 담은 「목련꽃 통신」에 기울인다.

꽃구름 하냥 먹고
뽀얀 혀 내민 자리

봄날의 깜짝 변신
벌들이 뒤뚱뒤뚱
기운찬 새벽 하늘녘
접시 하나 띄우다

새날에 너를 안고
두텁게 손잡은 채
눈가에 이슬 달고
촘촘히 엮은 코드
햇살진 봄 하늘 자락
꿈을 키운 봉우리

애당초 건너 버릴
부싯돌 봄바람에
잠깐 본 빛 하늘을
진실로 믿어 버린
아뿔싸 흰 꽃 그림자
누워 버린 가슴아

–시조 「목련꽃 통신」 전문

꽃구름을 일으키고 현기증마저 날 정도로 화사가 기운이 밀려온다. 너무나도 어여뻐서 손잡은 채 눈가에 이슬을 엮어 내는 자연의 코드를 감지한다. 부싯돌 같은 봄바람과 만나 마지막 군무를 준비한다. 봄바람이 두둥실 불어오는 자리마다 하얗게 밀려오는 파도의 나래가 단 한 번 펼쳐진다. 드디어 목련의 군무가 시작된다. 세상에 쏟아 낸 삶의 여백을 거둬들이는 봄의 시간도 함께 동행한다. 봄의 품안에 잠들면 잠들수록 그림자 짙게 드러누워 점

점 더 그리움의 화신이 되어 간다. 어둠 속에서 달이 있어야 존재감이 빛나듯, 목련은 그런 봄을 껴안은 채, 죽음을 맞이하는 그 순간까지도 그 환희를 함께 공유하며 세상을 내려놓는다.

시인은 장미에 대한 기억이 남다르다. 「겨울 장미」에서 확인할 수 있다.

그토록 고운 자태
파란 깃 날 세운 채
가시로 달려들 줄
왜 진작 몰랐을까

피멍 든
붉은빛 상처
향기마저 감돌다

담장에 목을 매고
해맑게 꽃핀 자리
철없어 처연할 줄
왜 진작 몰랐을까

따갑게
내려온 태양
그에 맞선 미인계

—시조 「겨울 장미」 전문

시인에게 있어 겨울 장미는 봄을 기다리는 미인이다. 피멍 든 붉은빛 상처조차 감미로운 향기가 감돌만큼 진하다. 겨울 장미는 처연하게 꽃핀 존재다. 따갑게 내려온 태양에게도 그 아름다운 모습으로 맞서는 비극적 미학을 추구한다. 세상에서 붉은 장미꽃은 사랑의 대표적인 꽃으로 상징한다. 장미꽃은 주위에 가시가 돋아 있어서 함부로 만질 수가 없다. 그래서 더 존재적 가치가 있다. 그윽한 장미꽃 향기를 감돌게 만드는 그 내력엔 가시들 역할도 한몫 한다. 풋풋한 진초록 향을 배경에 깔게 만드는 근원지라서 장미향의 황홀한 정취를 더 느낄 수 있게 한다.

시인은 세상을 따뜻하게 만드는 비결인 「만큼의 법칙」에 귀의한다.

세상의 모든 기쁨
다 준들 어떠하리

내 사랑 한정 수량
다 준들 어떠하리

날마다
내어준 만큼
그만큼에 족하리

–시조 「만큼의 법칙」 전문

시인에게 있어 '만큼의 법칙'은 나눔의 법칙이다. 파충류 악어는 먹이를 먹을 때 눈물을 흘린다. 잡아먹히는 동물이 불쌍해서 흘리는 눈물이 아니다. 잡힌 먹이를 씹을 때 눈물샘이 자극되어 저절로 눈물을 흘리는 것뿐이다. 그래서 악어의 눈물을 '위선의 눈물'이라고 부른다. 이처럼 우리는 어떤 현상을 판단할 때 그 이면에 있는 사실을 잘 들여다볼 수 있는 혜안이 필요하다. 문제를 해결하기 위해 과거의 틀에서 벗어난 '다른 만큼의 법칙'이 필요한 것이다. 그 다른 발상의 중요한 엔진이 되는 것이 바로 모든 것을 뒤집어보는 한다혜식 발상인데, 시인은 인용된 시조에서 '만큼의 법칙'을 '사랑의 나눔 법칙'으로 재탄생시키고 있다. 자유시장 경제논리 중, 'Give and Take'라는 논리가 있는데 '내가 준만큼, 돌려받는다.'라는 뜻이다. 그러한 논리의 반대편에 서서, 다른 만큼의 법칙을 노래하고 있다. 영혼의 언어가 따스하게 출렁거리는 '만큼의 법칙'이다. 사랑 나눔의 미학을 설파함으로써 극적인 효과를 꾀하고 있다.

시인은 가진 것을 날마다 내어주고 싶은 만큼 나눔의 삶에 대해 만족하고 행복함을 느낀다. 그런 상황 속에서 시인은「시조학교」를 하나 세운다.

입에서 나온 말이
어떻게 시조가 돼

누에가 뽑은 실이
최고의 비단 되듯

고운 말 새 실로 꿰면
데구르르 옥구슬

글자가 씌어져서
어떻게 시조가 돼

모판의 어린 모가
수라상 진미 되듯

낱말을 새끼 꼬듯이
엮어 내는 인생 꽃

–시조 「시조학교」 전문

시인은 시조를 매개로 한 시조학교를 창조해 내고 있다. 전통적인 한국 정서를 계승하고 천지인(天地人)의 정신이 초장·중장·종장에 담겨 있는 현대시조는 정형시의 국가대표이다. 일반적으로 시조는 겨레의 숭고한 '얼의 문학'이라 불리고 있다. 3.4.3.4조의 초장과 중장은 정연한 속보(速步)의 리듬감으로 우주로 향한 광활하고 변화무쌍한 이미지와 변화를 추구하고, 결국 종장에서 3.5조의 장보(長步)라는 속도로 큰 획을 긋는 전성기와 4.3조의 완보(緩步)라는 속도 속에서 사유와 성찰의 인생의 황혼기를 동시에 구가하고 있다. 시조는 초장과 중장 3.4.3.4, 종장이 3.5.4.3의 음보 속에 수학의 공식처럼 일정한 자연과학적 기능이 존재한다. 시조는 그래서 자연과학적 구조를 가지고 있다. 그러한 자연과학적 구조 속에서 창조적 상상력이라는 인문학적 콘셉트(Concept)가 가미되어 있는 것이다. 한다혜 시인은 이러한 시조를 매개로 하고 있는 시조학교를 세운 학교장이 된 셈이다.

시인은 이성과 감성의 경계를 무너뜨리며 오히려 적절하게 구사하는 존재이다. 혹은 감동의 언어로 방황하는 영혼을 치유하는 명의(名醫)가 되기도 한다. 따뜻한 수사(修辭)로 버림받은 영혼을 구원

해 내는 역할도 한다. 이 때문에 시인은 이 시대의 마지막 메시아적 존재라고 말할 수 있다.

"모죽(母竹)의 시간이 되면, 아무리 물을 주고 햇볕을 쬐게 해도 성장을 거부한다. 뿌리를 더 깊이 내려서 자기 자신을 스스로 비우는 시간을 경험한다. 이는 성장을 위한 기다림이다."

대나무에는 아무리 물을 주고 볕을 쬐어도 성장하지 않는 시간이 있는데, 이를 '모죽의 시간'이라고 한다. 대나무는 죽순이 시작되기 전에 모죽으로부터 뿌리를 내리고 넓히는 데만 2년에서 5년이라는 시간을 보낸다. 사실은 성장을 위해 뿌리를 깊게 내리는 시간으로, 이 기간이 지나면 대나무는 하루가 다르게 성장을 이룬다. 이 사실이 말해 주는 것은 잉여 시간이라고 생각한 시간도 어떻게 보내느냐에 따라 모죽의 시간일 수 있다. 힘든 일이 닥치면 누구나 견뎌내 버틴다는 생각으로 현실을 돌파하려고 한다. 견디고 버티는 시간으로 바라보는 것이 아니라, 오히려 스스로 똑바로 설 수 있도록 준비하는 모죽의 시간을 만들 수 있다면 이 보다 더 좋은 일이 없을 것이다. 막막해하지 말고, 불안해하지 말고 족쇄의 시간이라 여기지 않고 앞으로 나아가려고 최선을 다하는 것이 자신을 굳건한 자리로 만들 듯 한다혜 시인의 삶도 굳건한 모죽의 시간이 존재한다. 더 넓고 더 멀리 도약하는 힘을 발휘하려면 모죽의 시간이 필요했다. 모죽의 시간을 마친 한다혜 시인은 수안보온천을 찾았다. 벚꽃 향기를 시조로 접목시킨 천재적 여류 시조시인이 되었다. 누구나 공감, 공유할 수 있는 시조의 프리즘을 가동시킬 줄 아는 경지에 도달한 것이다. 세상에서 가장 착한 눈빛으로 가장 아름다운 시조의 집 한 채를 짓고 있는 것이다.

"그릇에 물이 차고 넘쳐야 비로소 육화(肉化)된 말이 탄생한다."

말은 마음의 소리이다. 그 속에 품격과 고유의 온도가 있다. 즉, '언위심성(言爲心聲)'이다. 가령 한자의 품(品)을 살펴보면 그 구조가 흥미롭다. 입구(口) 세 개가 모여 이룬 품(品)은 말이 세 번 쌓여야 한 인간의 품성이 된다는 것일 게다. 말이 적을수록 번뇌와 근심도 적어지고, 상대의 가슴을 파고드는 말도 함부로 내뱉는 것이 아니라 그 무게와 품성에 따라 감동이 달라진다는 것이다. 감동이 있는 언어를 탐구하고 캐내는 분수령이 바로 한다혜 시인의 시조집 『봄 레일톡』이다.

"작고 연약한 물방울이라도 끊임없이 떨어지면 댓돌에 구멍을 낼 수 있다."

수적천석(水滴穿石)이다. 작은 물방울이 세상에서 가장 단단한 돌을 뚫을 수 있음을 시사한다. 아무리 작은 노력이라도 끈기 있게 계속한다면 큰일을 이룰 수 있다. 이는 '일만 시간의 법칙'과 일맥상통한다. 한 분야에 전문가가 되려면 일만 시간의 훈련이 필요하다. 하루에 3시간을 집중하면 10년이 걸리고, 하루에 10시간을 집중하면 3년으로 줄어든다. 정약용 선생의 둔필승총(鈍筆勝聰) 즉, '둔한 붓이 총명함을 이긴다.'란 뜻도 새겨둘 만하다. 소소한 메모들이 모여, 한 권의 책이 되듯이 톡톡 튀는 사소한 아이디어가 세상을 바꾸는 변화를 가져오기도 한다.

한다혜 시조집 『봄 레일톡』 안에 수록된 시조 한 편, 한 편 역시 세상을 바꾸는 작은 물방울이고 코카콜라의 톡톡 튀는 탄산수이다.

사람 못지않게 건축에 조예가 깊은 존재가 거미이다. 사물과 사물을 기둥 삼아 삶의 안식처를 탄력 있게 쌓아 올리는 건축가! 시인은 거미가 줄을 뽑듯 글을 뽑아 집을 짓는 존재이다. 공중에 아찔하게 걸려 있으나 쉽게 무너지지도 부서지지도 않는 거미집, 오히려 세상 어떤 집보다 유려하고 견고하다. 여기 한다혜 시조시인이 지은 언어의 집도 거미집처럼 정교하여 온갖 정욕(情欲)과 세파에 흔들려도 언제나 탄탄하기를 바란다. 한다혜 시조시인의 붓이 시조문학을 지키는 천연기념물이 되기를 기원한다.